Pracht-finken

Verhalten · Ernährung · Pflege

Von Birgit Gollmann
mit 49 Farbfotos von Regina Kuhn
und 26 Zeichnungen von
Siegfried Lokau

2. Auflage

Heimtiere halten
Ulmer

Inhalt

Lieber Tierfreund,

die hübschen, lebhaften und geselligen Prachtfinken gehören seit langem zu den besonders beliebten Käfig- und Volierenvögeln. Bereits im 17. Jahrhundert wurden sie aus Afrika, Südostasien, Australien und von den indoaustralischen Inseln eingeführt und bei uns nachgezüchtet. So bereitet es heutzutage auch keinerlei Schwierigkeiten, Prachtfinken im Handel oder von Züchtern zu erwerben, da die meisten Arten - insbesondere die für Anfänger geeigneten - in ausreichender Zahl aus Nachzuchten ständig angeboten werden. Damit ist sichergestellt, daß durch unsere Liebhaberei die Bestände in den Herkunftsländern weder dezimiert noch in Zukunft gefährdet werden könnten.

Hinzu kommt, daß die Haltung der Prachtfinken weder sehr kostspielig noch schwierig und zeitaufwendig ist. Wer um die Bedürfnisse dieser Vögel Bescheid weiß, kann sie artgerecht halten und ihnen so ein gesundes und auch langes Leben ermöglichen.

In diesem Buch werden ausgewählte Prachtfinken vorgestellt, die häufig angeboten werden und relativ leicht zu halten sind (von »schwierigen« Arten sollte ein Anfänger die Finger lassen!). Bezüglich Unterbringung, Pflege und Ernährung stellen sie alle recht ähnliche Ansprüche; auf Besonderheiten wird bei den Beschreibungen der einzelnen Arten hingewiesen.

Lassen Sie sich von den Prachtfinken verführen, von ihrem leuchtend gefärbten Gefieder, ihrem angenehmen, nicht allzu lauten Gesang und von ihrer unentwegten Lebhaftigkeit und beobachten Sie einmal das Zusammenleben und Verhalten einer Gruppe dieser munteren und geselligen Vögel in einer Voliere. Sie werden es erleben: Der Verlockung, Prachtfinken selbst zu halten, ist kaum zu widerstehen!

Bunte Vielfalt der Prachtfinken (von oben nach unten): Gouldamadine, Spitzschwanzamadine, Weißkopfnonne, Binsenastrild.

Zuerst einige Fragen

Sie möchten Näheres über Prachtfinken erfahren, um diese Vögel selbst halten zu können. Dazu ist es wichtig zu wissen, daß man mit dem Wunsch nach einem Heimtier mit der Anschaffung auch die Verantwortung für sein Wohlbefinden übernimmt, die man sehr ernst nehmen sollte – auch wenn es sich »nur« um einen kleinen Vogel handelt. Dazu stellen sich einige Fragen an den zukünftigen Prachtfinkenhalter:

- Haben Sie einen geeigneten Platz zur Aufstellung eines Käfigs in Ihrer Wohnung (siehe Käfigstandort)?
- Sind Sie oft tagsüber zu Hause? Prachtfinken sind tagaktiv; wer den ganzen Tag außer Haus ist, hat wenig von ihnen!
- Ist Ihnen klar, daß Prachtfinken kaum eine »persönliche« Beziehung zu ihrem Pfleger aufbauen?
- Sind Sie bereit, die Kosten für einen passenden Käfig, das nötige Zubehör und Futter sowie wenn nötig für eine tierärztliche Behandlung zu übernehmen?
- Können Sie Staub und Futterreste im Umkreis des Käfigs in Kauf nehmen?
- Sind Sie sicher, daß in Ihrem Haushalt niemand eine Allergie gegen Vögel hat, und daß alle Mitbewohner mit der Anschaffung der Prachtfinken einverstanden sind?
- Falls Sie andere, freilaufende Haustiere (Katzen, Hunde) besitzen: Sind Sie sicher, daß diese die Vögel nicht verletzen oder beunruhigen können?
- Wissen Sie schon, wer die Vögel während Ihres Urlaubs versorgen wird?
- Ist Ihnen bewußt, daß Prachtfinken 5 bis 6, manchmal sogar mehr als 10 Jahre alt werden können?

Woher bekommt man Prachtfinken?

Leicht zu züchtende Arten wie den Zebrafinken bekommt man in den meisten **Zoofachgeschäften** bei Vogelspezialisten.

Auf **Vogelausstellungen** werden oft Tiere zum Verkauf angeboten; zumindest aber kommt man dort mit Züchtern in Kontakt bzw. mit Vertretern von Züchtervereinigungen, über die man die gewünschten Adressen bekommen kann. Ein Kauf direkt beim **Züchter** bietet die Möglichkeit, sich persönlich zu überzeugen, daß die Prachtfinken artgerecht gehalten werden.

Über **Inserate** in Fachzeitschriften kann man Vögel und Zubehör erstehen.

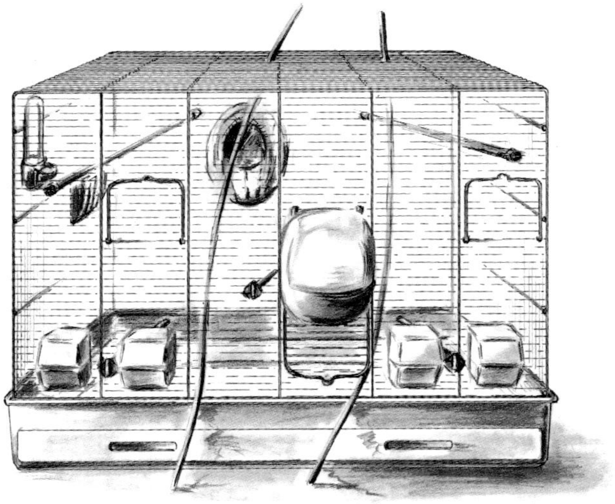

Ein Gitterkäfig sollte nie frei im Raum, sondern immer mit der Rückseite an einer Wand stehen, damit sich Prachtfinken darin wohl fühlen. In diesem Käfig könnte man zum Beispiel ein Zebrafinken-Pärchen halten.

Wie Prachtfinken untergebracht werden

Geeignete Käfige und Volieren

Der Käfig sollte eine rechteckige Grundfläche haben und länger als hoch sein. Er darf keine unnötigen Nischen oder Wölbungen aufweisen. Auch Nägel, Drahtenden usw. dürfen nicht ins Innere ragen.

Für ein Prachtfinkenpärchen sollte der Käfig **mindestens** 80 bis 120 cm (abhängig von der Größe der Vögel) lang sein und 30 bis 50 cm breit und hoch. Will man mehr als zwei Prachtfinken halten, ist natürlich ein größerer Käfig (ca. + 10 cm Länge pro Vogel, bei entsprechender Vergrößerung der anderen Maße) nötig. Je größer der Käfig, desto vielfältiger wird auch das Verhalten der Bewohner sein, besonders wenn man sie in größeren Gruppen hält! Günstig ist, wenn man bei Bedarf ein Trenngitter einschieben kann.

Folgende Arten der Unterbringung bieten sich für Prachtfinken an: Der **Gitterkäfig**: Das Gitter sollte aus rostfreiem Metall bestehen (kein Messing – darauf kann sich der für Vögel giftige Grünspan bilden). Wenn das Gitter mit dunklem Kunststoff beschichtet oder dunkel lackiert ist, spiegelt es nicht und man sieht

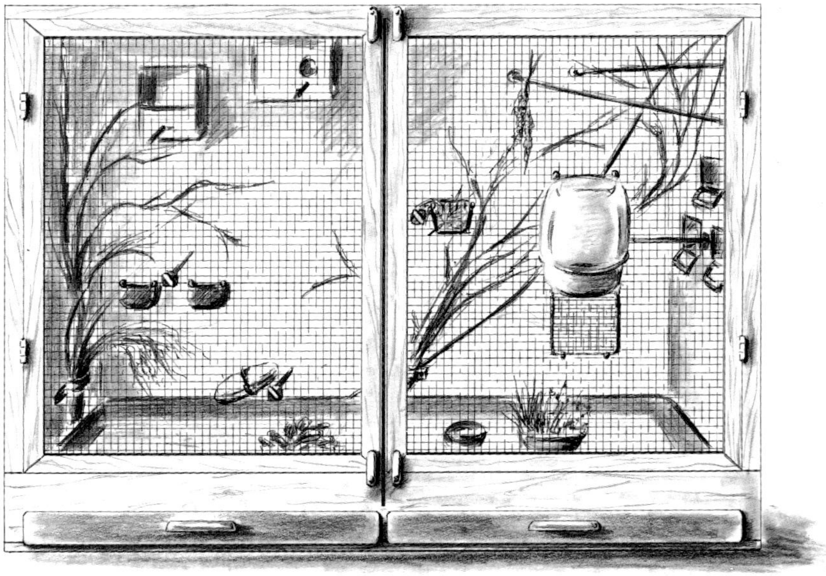

Wer gerne bastelt, kann seinen Prachtfinken-Käfig selbst bauen. Dieser Käfig besteht aus einem mit Drahtgitter bespannten Holzrahmen, die Rückwand ist fest. Bei Bedarf läßt sich in der Mitte eine Trennwand einschieben.

Prachtfinken sind in erster Linie Körnerfresser und benötigen nur wenig Grünfutter oder gar Obst. Ob die Gurke wohl schmeckt?

die Vögel besser. Die Gitterabstände dürfen wegen der geringen Größe der Prachtfinken höchstens 1 cm betragen.

Achten Sie auf Anzahl und Lage der Türchen: Jeder Teil des Käfigs sollte von außen gut erreichbar sein. Und zumindest ein Türchen sollte groß genug sein, um Nistgelegenheiten oder Äste in den Käfig geben zu können. Öffnungen, an denen Futterbehälter, Badehäuschen und Nistkästen von außen angebracht werden können, erleichtern die Pflegearbeit beträchtlich.

Solange der Käfig oder die Voliere gereinigt werden, sind die Insassen am besten in einem Ersatzkäfig aufgehoben.

Um den Käfig leicht reinigen zu können, sollte im Käfigboden eine ausziehbare Schublade (bei größeren Käfigen auch mehrere) aus Plastik oder Zinkblech angebracht sein. Sie sollte den ganzen Käfigboden ausfüllen, da sich sonst auf den Leisten neben der Schublade Vogelkot ansammelt, und mindestens 3, besser 5 cm tief sein, sonst bleibt ein Teil des Schmutzes, z.B. heruntergefallenes Nistmaterial, im Käfig hängen. Eine Klappe, die oberhalb der Lade am Gitter befestigt ist, verhindert ein Entkommen der Vögel während des Reinigens. Plastikverkleidungen im unteren Bereich der Gitter sorgen dafür, daß weder Getreidespelzen noch Federn aus dem Käfig geraten. Die Rückwand des Käfigs läßt sich mit einer abnehmbaren Spanplatte abdecken.

In einer größeren Gruppe von Prachtfinken kommt keine Langeweile auf.

Im Zoofachhandel sind verschiedene Sitzstangen im Angebot. Für kürzere Stangen (links und Mitte) ist eine Halterung ausreichend; Sitzstangen, die man an beiden Enden befestigen kann, lassen sich in verschiedenen Winkeln zum Gitter montieren.

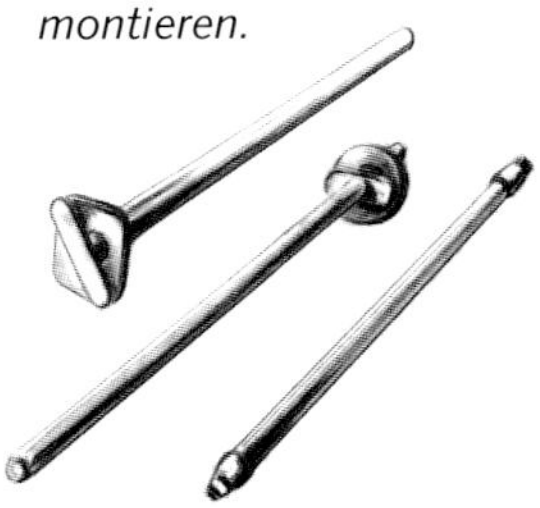

Der **Kistenkäfig** besteht aus Kunststoff- oder Holzfaserplatten, die innen weiß beschichtet sein sollen, und hat nur vorne eine Gitterwand. Ein solcher Käfig gibt seinen Bewohnern ein Gefühl der Geborgenheit und schützt sie vor Zugluft, doch besteht die Gefahr, daß die Ritzen zwischen den Platten zu Brutstätten für Parasiten werden. Für Schubladen und Türchen gilt das gleiche wie beim Gitterkäfig.

Beide Käfigarten kann man entweder fertig kaufen oder selbst zusammenbauen. Einschlägige Firmen bieten bereits mit Türchen versehene Gitterwände und Plastikschubladen an; einen Rahmen aus Holz (mit ungiftigem Lack überzogen) kann sich ein Bastler selbst zusammenschrauben.

Wer seinen Prachtfinken mehr Bewegungsfreiheit gönnen möchte, kann die Vögel in einer Zimmervitrine (mit mindestens einer Glasseite) oder Voliere unterbringen; im Sommer besteht auch die Möglichkeit, robustere Prachtfinkenarten in Freivolieren zu halten, die natürlich katzen-, marder- und rattensicher und mit einem warmen, trockenen Schutzraum verbunden sein müssen.

So wird der Käfig eingerichtet

Sitzstangen. Mehrere Stangen (Kunststoffsitzstangen, die sich leicht am Gitter befestigen lassen, erhält man im Zoofachhandel) sollten in verschiedener Höhe vor allem an den beiden Enden des Käfigs so angebracht werden, daß die Vögel im Sitzen mit den Schwanz- und Schwungfedern nicht am Gitter anstoßen. Ein paar kurze Stangen in der Nähe der Futternäpfe sind ebenfalls von Vorteil. Wichtig ist aber, daß genug Flugraum zwischen den Sitzgelegenheiten freibleibt!

Äste und Zweige (z.B. von Ahorn, Buche, Obstbäumen usw.) verschiedener Stärke und nicht nur waagrecht angebracht, eignen sich für Prachtfinken besser als einheitliche Stangen, da sie eine Vielfalt an Körper- und Fußhaltungen erfordern. Schilfhalme fördern die Abnützung der ständig nachwachsenden Vogelkrallen; sie ersparen den Vögeln und ihrem Besitzer das häufige Krallenschneiden.

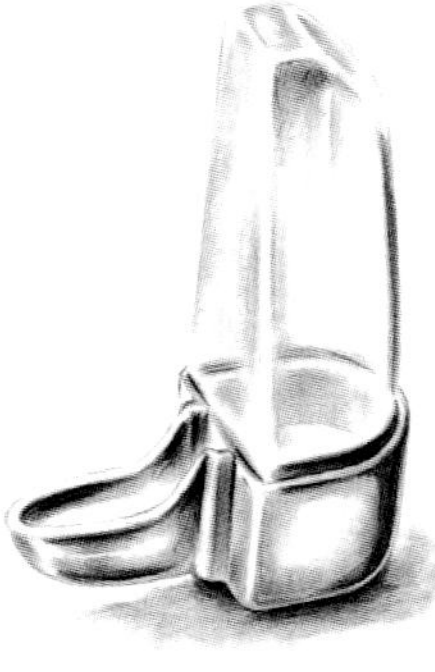

Zwei handelsübliche Futterbehälter. Der rechte läßt sich von außen an einer Käfigöffnung einhängen.

Futter- und Trinkgefäße aus Kunststoff können, falls die Gitter es erlauben, außen am Käfig angebracht werden. So sind sie leicht zu reinigen bzw. aufzufüllen, ohne daß die Prachtfinken beunruhigt werden.

Will man die Näpfe auf den Käfigboden stellen, sollten sie aus schwererem Material sein, z.B. aus Porzellan, damit die Vögel sie nicht umstoßen können.

Gegenüber: Wie die meisten Vögel baden auch Prachtfinken gern: Erst ist man abwartend - und schließlich sind alle pudelnaß!

Trinkwasser wird täglich frisch in einem standfesten Gefäß angeboten.

Sie müssen für den Pfleger leicht zu erreichen sein und so aufgestellt werden, daß sie nicht von herabfallendem Kot beschmutzt werden können (also nicht unter einer Sitzstange!). Große, flache Gefäße erlauben den Vögeln einen besseren Zugang zum Futter; in tiefen Behältern werden die Körner bald von leeren Hülsen verdeckt.

Futterautomaten erlauben eine Versorgung der Prachtfinken für mehrere Tage, doch sollte man täglich kontrollieren, ob sie nicht verstopft oder verschmutzt sind.

Man sollte zumindest zwei Futternäpfe haben, einen für Körner und einen für Weichfutter, außerdem eine flache Schale für Keimfutter. Natürlich kann man auch mehr Gefäße aufstellen, z.B. wenn man verschiedene Körnersorten getrennt anbietet, um die Vorlieben seiner Pfleglinge herauszufinden, oder wenn man eine größere Anzahl von Prachtfinken in einer Voliere hält.

Auch dieses Badehäuschen läßt sich von außen an einem Käfigtürchen anbringen.

Badehäuschen. Prachtfinken baden gerne, z.B. in einem Kunststoffbadehäuschen, das von außen an einem der Gittertürchen befestigt und höchstens 2 cm hoch mit Wasser gefüllt wird, aber auch in einem größeren Wassernapf.

Nisthilfen. In der Natur bauen viele Prachtfinkenarten freistehende, überdachte Nester, die oft auch zum Schlafen benützt werden (so Zebrafinken), andere, wie die Gouldamadinen, sind Höhlenbrüter. Da in einem durchschnittlichen Zimmerkäfig kaum Platz für Strauchwerk oder Schilfbüschel ist, die als Neststandorte beliebt sind, sollte man seinen Vögeln auf jeden Fall Nisthilfen anbieten. **Nistkästen** aus Holz mit aufklappbarem Deckel, die entweder vorne halboffen sind oder ein rundes Schlupfloch haben, können sowohl im Käfig als auch außen an einer Gittertür befestigt werden; in letzterem Fall ist eine Nestkontrolle einfacher. Der Nistkasten sollte 15 x 15 x 20 cm groß sein, bei kleinen Arten weniger. Geflochtene Körbchen mit einem (halb) runden Einflugloch von ca. 12 cm Durchmesser sind ebenfalls sehr beliebt.

In einer solchen Raufe bleibt das Nistmaterial sauber.

Nistmaterial. Dazu eignen sich Gras (trockene Halme), Moos, Juteschnüre (in ca. 10 bis 15 cm langen Stücken), glatte Kokosfasern (nicht zusammengeknäuelte, in deren Schlingen sich ein Vogel verwickeln könnte!) oder Scharpie (gezupftes Leinen). Das Material zum Nisten kann den Vögeln auf dem Käfigboden oder in einer am Gitter befestigten Raufe angeboten werden.

Eine Schicht **Vogelsand** auf dem Käfigboden bindet nicht nur den Kot, sondern ist auch für die Verdauung der Vögel wichtig (s. Ernährung). Vogelsandpapier sollte man nicht verwenden, da es Fußverletzungen hervorrufen kann.

Ein passender Standort

Der Platz, an dem der Prachtfinkenkäfig stehen soll, muß folgende Voraussetzungen erfüllen:

- er sollte hell sein; Kistenkäfige werden daher mit der Vorderseite zum Fenster ausgerichtet. Notfalls kann man auch eine Zusatzbeleuchtung (tageslichtähnliche Leuchtstoffröhre, Tageslänge 12 bis 14 Stunden) anbringen.
- direkte Sonnenbestrahlung ist wünschenswert; die Vögel brauchen aber immer ein schattiges Eckchen, in das sie sich zurückziehen können.
- der Raum sollte eine gleichmäßige Temperatur von 18 °C oder mehr haben (nur wenige Arten, z.B. Zebrafinken und Goldbrüstchen, kann man zeitweilig auch kühler halten; die meisten bevorzugen höhere Temperaturen). Wenn nötig, kann man den Käfig mit einem Infrarot-Dunkelstrahler beheizen.
- der Käfig darf keiner Zugluft ausgesetzt sein.
- wenn der Käfig keine feste Rückwand hat, sollte er an einer Zimmerwand stehen; so fühlen sich die Vögel geborgener.

Gegenüber: Wer Prachtfinken züchten will, sollte ihnen zur Brutzeit Nisthilfen anbieten.

• an einem hohen Standort fühlen sich die Prachtfinken sicherer, da der Mensch dann für sie keine Bedrohung von oben darstellt.
• für Katzen, Hunde und andere freilaufende Haustiere sollte der Käfig unerreichbar sein.
• der Raum sollte nach Möglichkeit nur tagsüber genützt werden, damit die Prachtfinken nicht durch Licht und Lärm in ihrer Nachtruhe gestört werden. Ansonsten sollte man zumindest die Möglichkeit haben, den Käfig durch ein (luftdurchlässiges!) Tuch .

Zum Singen richten sich Gouldamadinenmännchen hoch auf. Unten: An rauhen Oberflächen nützen sich die Krallen von Prachtfinken auf natürliche Weise ab. Schilfhalme im Käfig ersparen Ihren Vögeln daher allzu häufiges Krallenschneiden.

Die richtige Auswahl

Einen oder mehrere Prachtfinken?

Prachtfinken sind meist gesellig (zur Brutzeit verteidigen die Paare mancher Arten ihr Revier allerdings heftig), und es wäre Tierquälerei, sie einzeln zu halten! Dem Anfänger würde ich empfehlen, sich ein Pärchen einer Art anzuschaffen. Aber auch zwei Vögel gleichen Geschlechts oder sogar verschiedener Arten werden sich meist gut vertragen.

Will man mehr als zwei Prachtfinken zusammen halten, muß der Käfig groß genug sein; auch ist auf die Verträglichkeit der Arten zu achten.

Nachzuchten oder Wildfänge?

Seit 1960 dürfen aus Australien keine Prachtfinken mehr ausgeführt werden; bei australischen Arten handelt es sich daher immer um Nachzuchten. Aus Afrika und Asien dürfen Prachtfinken zwar exportiert werden, doch sind zahlreiche Arten schon seit vielen Generationen bei uns gezüchtet worden. Nachzuchttiere tragen meist einen geschlossenen Aluminiumring (dieser wird dem Vogel im Alter von 10 bis 12 Tagen angelegt), dem Jahrgang, Verein, Züchter- und Ringnummer eingeprägt sind. Dies ermöglicht es, das Alter der gewählten Vögel festzustellen.

Wildfänge leiden oft noch lange unter dem Streß, dem sie während des Fanges und Transports ausgesetzt waren, und den vielleicht so mancher ihrer Artgenossen nicht überlebt hat. Dadurch sind sie anfällig für Infektionskrankheiten und müssen erst behutsam eingewöhnt werden. Dem Anfänger würde ich daher raten, sich für nachgezüchtete Prachtfinken zu entscheiden.

Gegenüber: Prachtfinken sollte man nie einzeln halten. Auch zwischen Vögeln verschiedener Arten kann es zu engen Beziehungen kommen. Das Gefiederkraulen ist ein Beweis gegenseitiger Zuneigung.

Oben links: Der aus Afrika stammende Amarant ist für Anfänger besonders gut geeignet.

Oben rechts: Der Wellenastrild ist – ähnlich wie der Grauastrild – in der Haltung nicht allzu anspruchsvoll.

Mitte links: Der bekannteste Prachtfink ist der aus Australien stammende Zebrafink.
Mitte rechts: Spitzschwanzamadinen sind zur Brutzeit gegenüber Artgenossen sehr unverträglich; man sollte daher nur ein Paar pro Käfig halten.

Unten rechts und links: Die farbenprächtige Gouldamadine ist mit keinem anderen Prachtfinken zu verwechseln. Charakteristisch ist die grasgrüne Färbung des Rückens, die auf dem Bürzel in ein leuchtendes Hellblau übergeht.

Die wichtigsten Arten

Wer sich zum ersten Mal Prachtfinken anschafft, sollte eine Art (oder Arten) wählen, die eher anspruchslos und auch für die Käfighaltung geeignet ist. Einige Arten, die in größerer Anzahl gezüchtet werden und daher häufig in den Handel kommen, sollen hier vorgestellt werden:

Der meistgehaltene Prachtfink ist bei uns sicher der 10 bis 13 cm große **Zebrafink** (*Taeniopygia guttata*), von dem es zwei Unterarten gibt: die größere stammt aus dem Inneren Australiens, die Heimat des etwas kleineren Timor-Zebrafinken liegt auf Timor und anderen Sunda-Inseln.

Die Männchen unterscheiden sich durch runde, braune Kopfseiten und schwarze Wellenlinien auf der Brust (letztere fehlen den Timor-Zebrafinken) von den Weibchen. Allerdings werden bei dieser Prachtfinkenart, die bereits als domestiziert gelten kann, viele Farbvarianten gezüchtet, die deutlich von der Wildform abweichen (z.B. Weiß, Silberfarben, Creme usw. sowie verschiedene Scheckungen) und auch größer als diese sind.

Zebrafinken leben in ihrer Heimat in größeren Gruppen und können auch in menschlicher Obhut in solchen (auch gemeinsam mit anderen Arten) gehalten werden – vorausgesetzt, der Käfig ist groß genug und es können ihnen reichlich Nistgelegenheiten (2 pro Paar) geboten werden. Übrigens schlafen Zebrafinken auch in Nestern. Diverse Nisthilfen nehmen sie gerne an!

Zebrafinken halten vorübergehend auch niedrige Temperaturen (12 bis 15 °C) aus. Von der Ernährung her sind sie anspruchslos, da sie weniger tierisches Eiweiß brauchen als andere Prachtfinkenarten. Die Zucht gelingt meist leicht, wenn man das richtige Nistmaterial und Aufzuchtfutter zur Verfügung stellt. So mancher Zebrafinkenbesitzer hat die Erfahrung gemacht, daß der Bruttrieb der Tiere kaum zu bremsen ist! Will man eine übermäßige Vermehrung vermeiden, kann man die Nester entfernen oder die Eier der Zebrafinken durch gleich große künstliche Eier ersetzen.

Ebenfalls aus Australien stammt die ca. 17 cm große **Spitzschwanzamadine** (*Poephila acuticauda*). Bei dieser Art sind Männchen und Weibchen gleich gefärbt. Bezüglich der Ernährung stellt diese Art keine besonderen Ansprüche; niedrige Temperaturen (10 bis 15 °C) vertragen sie jedoch nur kurze Zeit.

Die Zucht im Käfig ist relativ einfach, wenn die Partner Gefallen aneinander finden. Während der Brutzeit kommt es zu bösen Streitereien mit Artgenossen, anderen Prachtfinkenarten gegenüber (mit Ausnahme den nahe verwandten Maskenamadinen und Gürtelgrasfinken) verhält sich das Paar aber meist friedlich.

Zu den buntesten Prachtfinken gehört die ca. 15 cm große **Gouldamadine** (*Cloebia gouldiae*), die aus dem heißen Norden Australiens stammt und sich bei hohen Temperaturen (mindestens 20 °C, besser 25 bis 35 °C) und hoher Luftfeuchtigkeit wohlfühlt. In der Natur kommen rot-, schwarz- und gelbköpfige Formen vor; das Gefieder der Weibchen ist besonders an Brust und Bauch blasser gefärbt als das der Männchen, bei denen übrigens die mittleren Schwanzfedern etwas länger sind. Auch von dieser Art werden zahlreiche Farbvarianten gezüchtet, die in freier Natur nicht vorkommen.

Gouldamadinen schlafen auf Zweigen sitzend; zur Zucht sollte man ihnen verschiedene Nistgelegenheiten (Nistkästen, aber auch Korbnester) anbieten.

Während der Zeit der Brut und Aufzucht der Jungen sind ausreichend hohe Temperaturen besonders wichtig, da die Eltern manchmal eine Nacht außerhalb des Nestes verbringen und aufhören, die Jungen zu hudern, wenn diese erst spärlich befiedert sind.

Die etwa 12 cm große dreifarbige **Papageienamadine** (*Amblynura trichroa*), die ihre Heimat im Nordosten Australiens und auf den nördlich von Australien gelegenen Inseln hat, eignet sich nicht für die Käfighaltung!

Wie fast alle anderen Papageienamadinen auch, fliegt sie dort entweder hektisch herum oder wird träge und verfettet. In einer großen Voliere kann man sie – auch mit anderen Prachtfinkenarten zusammen – zur Nachzucht bringen.

Der ca. 14 cm große **Reisfink** (*Padda oryzivora*) stammt aus Java und Bali, wurde aber inzwischen auch in anderen tropischen Gebieten (z.B. Südostasien, Sansibar, verschiedene pazifische Inseln) eingeführt und heimisch. Männchen und Weibchen sind gleich gefärbt. Neben den wildfarbenen werden auch weiße und isabellfarbene Varianten gezüchtet.

In einem ausreichend großen Käfig (mindestens 1,2 m lang) verhalten sich Reisfinken Artgenossen und anderen Prachtfinken gegenüber meist friedlich. Mit ihrem großen Schnabel können sie neben größeren Hirsesorten auch andere Getreidearten, z.B. Hafer, Gerste und Weizen (auch gekeimt) verzehren.

Der Name des etwa 11 cm großen **Japanischen Mövchens** (*Lonchura striata* var. *domestica*) ist irreführend: es handelt sich bei dieser Prachtfinkenart um eine domestizierte Form des Spitzschwanzbronzemännchens, die aus China stammt; allerdings wird sie schon seit rund 3 Jahrhunderten in Japan gezüchtet, und zwar in immer mehr Farb- und Gefiedervarianten (z.B. Hauben-Mövchen).

Mövchen sind im allgemeinen leicht zu züchten, sogar in einem eher kleinen Käfig, und sind auch in der Ernährung nicht anspruchsvoll. Sie werden daher öfters als »Ammen« für andere Prachtfinkenarten verwendet, indem man ihnen deren Eier unterschiebt.

Persönlich halte ich wenig von der Ammenaufzucht, da die Gefahr einer Fehlprägung der Jungvögel (die sich dann gewissermaßen selbst für Mövchen halten) besteht und außerdem somit deren Eltern als Legemaschinen mißbraucht werden.

Mövchen sind selbst während der Fortpflanzungszeit äußerst gesellig, allerdings können Gelege durch die Vögel, die alle gemeinsam im selben Nest schlafen wollen, beschädigt werden. Für eine erfolgreiche Zucht ist die paarweise Haltung am günstigsten.

Oben: Der Binsenastrild ist sehr verträglich und kann auch zusammen mit anderen Prachtfinken gehalten werden.
Unten: Die aus Südostasien stammende Weißkopfnonne ist leicht zu halten, braucht aber einen recht großen Käfig.
Gegenüberliegende Seite:
Oben: Das zierliche Goldbrüstchen verträgt auch kühlere Temperaturen.
Mitte: Der Diamantfink stammt ebenso wie die Gouldamadine aus Australien.
Unten: Die Heimat der Perlhalsamadine ist in Ostafrika.

Ein aus dem südlichen Asien stammender Verwandter des Mövchens, der ca. 12 cm große **Muskatfink** (*Lonchura punctulata*), ist ebenfalls für Anfänger geeignet. Allerdings braucht er viel Platz, und man wird ihn wohl nur in einer Voliere, die mit Buschwerk und Schilf ausgestattet ist, zur Fortpflanzung bringen. Hier kann man auch mehrere Paare (auch anderer Arten) zusammen halten. Besonders während der Aufzucht der Jungen brauchen Muskatfinken viel Grünfutter.

Beim etwa 10 cm großen **Tigerfink** (*Amandava amandava*), der aus Südostasien stammt, unterscheidet sich das Männchen nur im bunten Brutkleid (das meist nur in Freiheit voll ausgeprägt ist), nicht aber im matteren Ruhekleid deutlich vom Weibchen.

In größeren Volieren kann man diese Art in Gruppen (auch mit anderen Prachtfinken zusammen) halten, zur Brutzeit allerdings sollten die Paare getrennt sein.
Die Heimat der ca. 11 cm großen **Weißkopfnonne** (*Munia maja*) liegt ebenfalls in Südostasien (Malacca, Sumatra, Java, Bali). Sie ist bezüglich der Ernährung sehr anspruchslos und lebt in menschlicher Obhut bis zu zehn Jahre lang. Man sollte sie nur in sehr großen Käfigen oder Volieren halten, wenn möglich mehrere Paare zusammen, besonders wenn man mit ihnen züchten will. Gegenüber anderen Prachtfinkenarten verhalten sich die Tiere unter diesen Bedingungen friedlich. Ähnliches gilt auch für die nahe verwandte **Schwarzbauchnonne** (*Munia malacca*).

Das **Goldbrüstchen** (*Sporaeginthus subflavus*) stammt aus Afrika, und zwar aus eher feuchteren Gebieten. Temperaturen von ca. 15 °C werden ohne weiteres vertragen, auch sonst sind diese Vögel sehr robust.

Zur Brutzeit werden die Männchen untereinander sehr unverträglich, ansonsten kann man Goldbrüstchen aber auch in größeren Gruppen (auch mit anderen Prachtfinken zusammen) halten.

Das zierliche, nur etwa 10 cm große **Orangebäckchen** (*Estrilda melpoda*) ist im westlichen Afrika (von Senegal bis Angola) beheimatet. Diese Art wird häufig eingeführt und kann auch von Anfängern paarweise in größeren Käfigen gehalten werden (außerhalb der Brutzeit auch in größeren, eventuell gemischten Gruppen). Die Zucht allerdings ist schwierig, unter anderem deswegen, weil die Jungen bevorzugt mit lebenden Insekten gefüttert werden (kleine Mehlwürmer, Ameisenpuppen, Blattläuse, Essigfliegen usw.).

Ähnliches gilt auch für die Zucht des **Grauastrild** (*Estrilda troglodytes*), der allerdings selbst in der Brutzeit sehr friedlich ist. Diese Art ist in Afrika von Senegal bis Äthiopien, vom südlichen Sudan bis Norduganda verbreitet. In der Haltung anspruchslos verträgt sie zeitweise relativ niedrige Temperaturen (bis 15 °C).

Der **Schmetterlingsfink** (*Uraeginthus bengalus*) hingegen, der ebenfalls von Senegal bis Äthiopien vorkommt, ist eher kälteempfindlich und verträgt Temperaturen unter 18 °C nicht. Das Männchen dieser etwa 12 cm großen Art unterscheidet sich vom Weibchen durch eine intensivere Färbung des Gefieders und längliche rote Flecken an den Kopfseiten.

Im allgemeinen sind Schmetterlingsfinken anderen Prachtfinken gegenüber verträglich, zur Zucht sollte man die Paare allerdings absondern.

Der **Senegalamarant** oder einfach Amarant (*Lagonosticta senegala*) kommt keineswegs nur in Senegal, sondern auch in weiten Teilen Ost- und Südafrikas vor. Diese friedliche und anspruchslose Prachtfinkenart eignet sich gut für Anfänger, sofern die Tiere aus einer Nachzucht stammen oder schon gut eingewöhnt sind.

Auch die Zucht im Käfig dürfte gelingen, sofern die Temperaturen deutlich über 20 °C liegen und den Vögeln ausreichend tierische Nahrung geboten wird. Oft kommt es zu »Schachtelbruten«, d.h. das Weibchen beginnt bereits wieder Eier zu legen, ehe noch die vorigen Jungen selbständig sind.

Das **Silberschnäbelchen** (*Euodice cantans*) bewohnt die trockenen Steppen des nördlichen tropischen Afrikas. Es ist anspruchslos und braucht wenig tierische Nahrung. Gegenüber anderen Prachtfinken ist es friedfertig. Auch im Käfig kann es gezüchtet werden. Ihm sehr ähnlich ist das aus Asien stammende **Malabarfasänchen** (*Euodice malabarica*), das sich aber durch einen weißen Bürzel vom Silberschnäbelchen unterscheidet.

Gegenüberliegende Seite: Oben: Nur beim Tigerfinken macht das Männchen einen Wechsel vom schlichten Ruhekleid zum farbenprächtigen Brutkleid durch.

Mitte: Das Männchen des Schmetterlingsfinken erkennt man an der intensiven Gefiederfärbung und den roten Flecken an den Kopfseiten.

Unten: Die Spitzschwanzamadine wird schon seit Jahrhunderten in Menschenobhut gezüchtet.

Es gibt 131 Prachtfinkenarten mit wiederum verschiedenen Unterarten. Ihrer systematischen Zuordnung nach gehören sie zu den Sperlingsvögeln und hier wiederum in die Unterordnung Singvögel.

Die Kehrseite eines Prachtfinkenduos.

Wie erkennt man gesunde Vögel?

Nehmen Sie sich bei der Auswahl ihrer Prachtfinken Zeit und sehen Sie sich die in Frage kommenden Tiere genau an; die Anschaffung eines kranken Vogels, der womöglich nach kurzer Zeit stirbt, könnte Ihnen leicht die Freude an der Prachtfinkenhaltung verderben!

- Gesunde Prachtfinken sind meist aktiv, sie hüpfen oder fliegen umher, fressen und putzen sich. Wenn ein Tier längere Zeit »schläfrig«, mit gesträubtem Gefieder herumsitzt, ist es vermutlich krank.
- Kahle Stellen im Gefieder können ein Zeichen von Parasitenbefall sein, vielleicht wird der Vogel aber auch nur von seinen Mitbewohnern »gerupft« oder die Federn wurden während eines Transports beschädigt. Dann kann man das Tier unbesorgt kaufen. Vermeiden Sie es aber, einen Prachtfinken mitzunehmen, der gerade seine Federn wechselt (d.h. »mausert«), denn während der Mauser sind Vögel besonders anfällig.
- Die Augen des Vogels sollten klar und frei von Ablagerungen, die Nasenlöcher weder verklebt noch verkrustet sein. Betrachten Sie auch das Hinterende des Tieres: ist die Kloake gerötet und das sie umgebende Gefieder verklebt, leidet der Vogel an einer Darminfektion, die leicht tödlich verlaufen kann.
- Achten Sie auf den Ernährungszustand der Vögel, sie sollten weder zu mager (wenn das Brustbein zu scharf hervorragt) noch verfettet sein. Bitten Sie den Verkäufer, jeden Prachtfinken in die Hand zu nehmen und blasen Sie behutsam das Gefieder auf der Bauchseite beiseite!

Zur Körperpflege werden neben dem Schnabel auch die Füße verwendet, zum Beispiel wenn sich der Vogel am Kopf kratzen will.

Jungvogel oder Alttier?

Meist wird man sich eher für junge Vögel entscheiden, doch sollte man darauf achten, daß die Tiere ihre Jugendmauser bereits beendet haben, d.h. daß sie bereits das – meist farbenprächtigere – Erwachsenenkleid tragen. Bei Prachtfinken, die vor diesem Zeitpunkt aus ihrem gewohnten Käfig entfernt werden und dem Streß des Transportes, des Aufenthaltes in einer Tierhandlung und der (wiederholten) Umstellung auf eine neue Umgebung ausgesetzt sind, kommt es daher oft zu beträchtlichen Verzögerungen der Mauser.

In einem solchen Transportbehälter kann ein Prachtfink auch längere Reisen überstehen.

Der Transport nach Hause

Für einen kurzen Transport ist es am besten, die Vögel einzeln in kleinen, mit Löchern versehenen Pappkartons unterzubringen. In der Dunkelheit des Kartons beruhigen sie sich rasch, und die Gefahr, daß sie sich verletzen, ist dann geringer.

Bei längeren Reisen empfiehlt sich ein hölzerner Transportkasten (mit einer Gitterseite gegenüber der Tür und einer Sitzstange), in dem man den Vogel mit Futter, das auf den Boden gestreut wird, und Wasser, das in einem mit einem Schwamm ausgefüllten Trinknapf geboten wird, versorgen kann.

Achten Sie darauf, daß Ihre Prachtfinken unterwegs vor Hitze, Kälte, Regen und Zugluft geschützt sind, daß sie aber dennoch genug Frischluft erhalten.

Eingewöhnung

Zu Hause angekommen, übersiedeln Sie Ihre Prachtfinken in den – bereits vorbereiteten! – Käfig (das Badehäuschen können Sie anfangs noch weglassen). Schließen Sie zunächst alle Fenster und Türen. Stellen Sie den (oder die) Transportbehälter entweder auf den Käfigboden (schließen Sie die Käfigtüre, sobald Sie ihn geöffnet haben!) oder halten Sie ihn mit der Öffnung an ein geeignetes Türchen des Käfigs. Warten Sie, bis die Vögel von selbst herauskommen und versuchen Sie auf keinen Fall, sie durch Schütteln aus dem Behälter zu treiben!

Lassen Sie Ihren Prachtfinken Zeit, sich an ihr neues Heim zu gewöhnen und beobachten Sie sie aus einiger Entfernung. Vermeiden Sie in der Nähe des Käfigs hastige Bewegungen und laute Geräusche. Anfangs werden die Vöglein vermutlich verschreckt sein und auf Ihre Annäherung mit panischem Umherflattern reagieren, doch schon nach wenigen Tagen werden sie ihren Pfleger erkennen.

Hirsekolben sind bei allen Prachtfinken beliebt; sie können mit einer einfachen Halterung aus Metall oder Kunststoff am Käfiggitter aufgehängt werden.

Füttern Sie ihre neuerworbenen Prachtfinken anfangs mit dem Futter, an das sie gewöhnt waren (rechtzeitig erkundigen!); manche Tiere verhungern lieber, als unbekanntes Futter anzunehmen. Jede Ernährungsumstellung sollte allmählich, im Verlaufe einiger Tage oder – bei heiklen Vögeln – sogar Wochen erfolgen. Bieten Sie Futter und Wasser zunächst in offen aufgestellten Gefäßen an. Die Vögel brauchen vielleicht einige Zeit, bis sie außen am Käfig befestigte Futterbehälter und Tränken entdecken.

Wenn Sie bereits andere Prachtfinken besitzen, halten Sie ihre Neuerwerbungen einige Zeit getrennt von ihnen (in einem anderen Raum), bis Sie sicher sind, daß sie frei von ansteckenden Krankheiten sind. Nun können Sie den Käfig der »Neuen« neben den ihrer zukünftigen Mitbewohner stellen, so daß die Vögel einander kennenlernen, bevor sie zusammengesetzt werden.

Kein Zweifel, Kolbenhirse ist immer begehrt! Die Körner sind nicht nur ein wichtiger Bestandteil der Nahrung, sondern bieten den Vögeln auch stundenlang Beschäftigung.

Das Kapitel Ernährung

Prachtfinken sind hauptsächlich Körnerfresser, sie nehmen aber ebenso Insekten und Grünfutter zu sich. Auf diese wichtigen Bestandteile der Nahrung darf auch in der Gefangenschaft nicht verzichtet werden!

Körner- und Futtermischungen

Im Tierhandel und in vielen Supermärkten werden Exotenmischungen verschiedener Firmen angeboten, die als Grundnahrung für die meisten Prachtfinkenarten verwendet werden können. Hauptbestandteile der Futtermischungen sind:

- diverse Hirsesorten (vor allem kleinkörnige Sorten, z.B. Senegalhirse, La-Plata-Hirse usw.)
- etwa 25% Kanariensaat (Glanzsamen, Spitzsaat)
- Negersaat (längliche schwarze Körner), die ölhaltig sind und höchstens 5% der Mischung ausmachen sollten. Vor allem zur Brutzeit und in der kälteren Jahreszeit dürfen sie nicht fehlen.

Selbstzusammengestellte Mischungen können durch Samen von Mohn, Salat, Disteln, Löwenzahn, Wegerich, Hanf oder Gräsern (z.B. Raygras) ergänzt werden; größere Prachtfinkenarten dürfen auch grobkörnigere Getreidesorten bekommen.

Sehr beliebt sind Hirsekolben (rote und gelbe Sorten) und Rispen, die im Käfig an einer geeigneten Halterung aufgehängt oder eventuell auch auf den Boden gelegt werden. Sie bieten den Prachtfinken nicht nur Nahrung, sondern auch stundenlange Beschäftigung, da sie die Körner, auf den Kolben herumturnend, einzeln herauspicken müssen.

Körnerfutter biete man am besten in nicht zu tiefen Gefäßen aus Glas oder Keramik an.

In einem solchen »Keimautomaten« kann man Körner einfach und hygienisch ankeimen lassen. So hat man stets genug Keimfutter zur Verfügung.

Keimfutter

Angekeimte Samen – z.B. von Hirse oder Glanz – sind für die Vögel leichter verdaulich als trockene und enthalten wertvolle Vitamine. Sie sollten daher auf dem Speisezettel Ihrer Prachtfinken vor allem im Winter, wenn wenig frisches Grünfutter zur Verfügung steht, und während der Brutzeit nicht fehlen!

Zur Herstellung von Keimfutter verwendet man einen Keimautomaten (mit mehreren Schalen) oder kleine Siebe, die man über Behälter mit Wasser hängt, so daß sie von unten her befeuchtet werden.

Man breitet die gut gespülten Samen in der Keimschale bzw. im Sieb flach aus und übergießt sie täglich mit frischem Wasser, damit sich keine Schimmelpilze bilden. Je nach Temperatur beginnen die Samen nach 2 bis 4 Tagen zu keimen; nun spült man sie noch einmal, läßt sie danach gut abtropfen und verfüttert sie in einer flachen Schale.

Grünfutter

Blätter von Wildpflanzen wie Löwenzahn, Vogelmiere oder Hirtentäschelkraut sowie halbreife Samen von Gräsern werden von Prachtfinken gerne gefressen, doch ist es gerade für den Städter oft schwierig, sie zu beschaffen. Man sollte sie ja nur an Stellen

Ein fremder Gast zu Tisch! Der Mosambique-Girlitz (links) wartet am Futternapf auf seine Chance.

sammeln, die frei von Abgasen und Pestiziden und sonstigen Verschmutzungen (z.B. Hundekot) sind.

Einen geeigneten Ersatz bieten Salat, Kresse oder Gras, die im Blumenkistchen gezogen werden können; im Zoofachhandel gibt es auch spezielle Keimtöpfe mit dazu passenden Grünfuttermischungen für Käfigvögel.

Das Grünfutter sollte gut gewaschen und abgetropft in den Käfig gehängt werden (wird es nicht befestigt, ist es für die Prachtfinken schwierig, es in schnabelgerechte Stücke zu zerkleinern), eventuell kann man es auch samt dem Keimtopf auf den Käfigboden stellen.

Insekten- und Eifutter

Tierisches Eiweiß ist für unsere Prachtfinken besonders in der Zeit der Mauser zur Bildung der Federn sowie während der Brut und Aufzucht der Jungen wichtig.

Für den »normalen« Vogelbesitzer kommt es wohl kaum in Frage, eine Vielzahl lebender Insekten (von denen immer ein Teil aus dem Käfig entkommt!) zu verfüttern. Allenfalls Mehlwürmer (nur kleine, frisch gehäutete, also weiße Exemplare), die man in vielen Zoofachgeschäften bekommt, kann man den Vögeln problemlos anbieten.

Praktischer ist es, das im Handel erhältliche Insektenfutter zu verwenden. Achtung, manche Vögel sind heikel und nehmen nur bestimmte Sorten an! Sehr geeignet sind auch verschiedene Ei- und Aufzuchtfuttersorten, die eine Mischung aus Biskuit und/oder Zwieback, Honig und Ei und Zusätze wie Milchpulver, Kalk, verschiedene Samen usw. enthalten.

Wenn die Prachtfinken anfangs kein Interesse an einem unbekannten Futter zeigen, mischen Sie es entweder mit vertrauten Sorten, oder bieten Sie es an einer auffälligen Stelle im Käfig an (z.B. in einer Futterschale, die hoch oben neben einer Sitzstange aufgehängt wird). So wecken Sie die Neugier der Vögel und bringen sie dazu, das Futter zu kosten.

Vitamine und Mineralstoffe

Wie wir Menschen, brauchen auch Prachtfinken bestimmte Stoffe, die in geringer Menge lebensnotwendig sind. Viele Vitamine sind im Keim- und Grünfutter, aber auch im Eifutter (Vitamin A, D) enthalten. Fehlen sie in der Nahrung, kommt es zu Mangelerscheinungen. Zu Zeiten, in denen die Vögel besonderen Belastungen ausgesetzt sind (Mauser, Brut und Aufzucht der Jungen) oder wenn wenig Keim- und Grünfutter gegeben wird, sollte man daher zusätzlich Vitamine verabreichen. Für Vögel geeignete Multivitaminpräparate sind im Zoofachhandel erhältlich; sie können ins Trinkwasser gegeben werden.

Unter den Mineralstoffen nimmt Kalzium eine wichtige Stellung ein: Prachtfinken brauchen es nicht nur – wie wir – zum Aufbau der Knochen, die Weibchen benötigen es auch, um die Eischalen zu produzieren. Sepiaschulpen, die im Käfig aufgehängt werden und auch gleich dem »Abwetzen« des Schnabels dienen, Vitakalk, der ins Futter gemischt wird (und auch wichtige Vitamine enthält), pulverisierte Eischalen (von gekochten Eiern) oder Grit sind geeignete Quellen für Kalk.

Grit, der aus einer Mischung verschiedener Gesteine und Muschelkalke besteht, erfüllt übrigens gemeinsam mit dem Vogelsand noch eine wichtige Funktion: Da Vögel keine Zähne haben, zerkleinern sie ihre Nahrung in einem speziellen Nahrungsabschnitt, dem Muskelmagen. Dort wird das Futter durch kleine Steinchen, die der Vogel aufpickt, zerrieben.

Mit einer solchen Halterung werden Sepiaschulpen stabil am Käfiggitter befestigt.

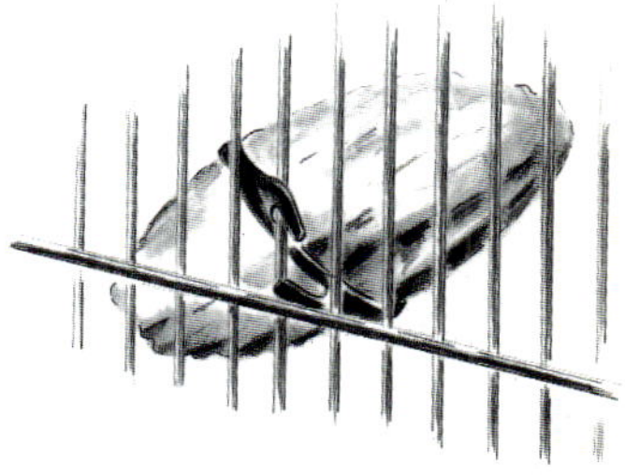

Trinkwasser

Wenn auch manche Prachtfinkenarten, die aus Gebieten mit längeren Trockenzeiten stammen, einige Zeit ohne Wasser auskommen können, muß man seinen Pfleglingen doch täglich (bei heißem Wetter sogar mehrmals) frisches Trinkwasser bieten. Es soll Zimmertemperatur haben und chlorfrei sein. Man darf daher nur abgestandenes Leitungswasser, oder, falls dieses keine Trinkwasserqualität hat, kohlensäurearmes Mineralwasser verwenden. Das gilt auch für das Badewasser, das die Prachtfinken ja ebenfalls gerne trinken.

Ganz typisch: Prachtfinken trinken im allgemeinen nicht schöpfend sondern saugend.

Seite 28 (oben) Ein Sepiaschulp enthält für Prachtfinken Mineralstoffe.

Seite 28 (unten) Wer zuerst kommt... Gegenüber dem Mosambique-Girlitz hat der Wellenastrild hier nur noch das Nachsehen!

Oben: Der geschlossene Fußring zeigt, daß dieser Binsenastrild aus einer Nachzucht stammt.
Unten: Zweige als Sitzstangen sorgen für eine natürliche Abnützung der Krallen.

Regelmäßiges Pflegen

Füttern

Futter sollte man den Vögeln täglich, am besten gleich in der Früh (die Prachtfinken erwachen, sobald es hell wird!), reichen. Insekten-, Ei- oder Keimfutter, das vom Vortag übriggeblieben ist, muß entfernt werden.

Beim Körnerfutter werden die leeren Hülsen vorsichtig »ausgeblasen« (bei tiefen Futternäpfen leert man den Inhalt dazu in eine flache Schale), dann füllt man frisches Futter nach. Eventuell kann man später am Tag noch einen Hirsekolben in den Käfig hängen, um den Prachtfinken etwas Beschäftigung zu bieten.

Gleich in der Früh wird auch das Trink- und Badewasser gewechselt. Die Gefäße werden mit heißem Wasser ausgespült.

Beim Füttern sollte man sich Zeit nehmen seine Pfleglinge zu beobachten. So kann man eine etwaige Erkrankung eines Vogels rasch erkennen.

Reinigen des Käfigs

Sauberkeit ist eine Grundvoraussetzung der richtigen Prachtfinkenhaltung!

Ein bis zwei Mal in der Woche sollte der Käfig gereinigt werden. Dazu wird der Sand aus den Schubladen im Käfigboden geleert, und diese werden mit heißem Wasser gereinigt (legt man unter den Vogelsand Papier, erleichtert dies die Reinigung). Danach streut man frischen Sand ein.

Futternäpfe und beschmutzte Sitzstangen werden ebenfalls heiß gewaschen und gründlich abgetrocknet. Am Gitter haftender Vogelkot wird entfernt.

Sonstige Pflegearbeit

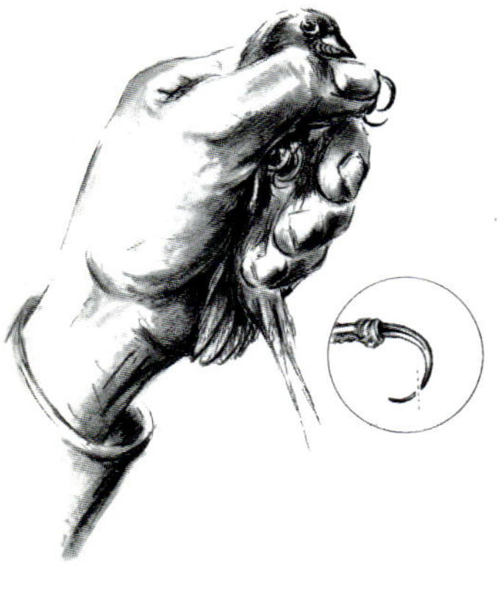

Etwa alle ein bis drei Monate sollte man den Käfig einer gründlicheren Reinigung unterziehen, indem man ihn – samt allen Einrichtungsgegenständen – mit möglichst heißem Wasser wäscht. Falls man ein Desinfektionsmittel verwendet, muß gründlich nachgespült werden! Äste, Schilfhalme und Nistmaterial werden ausgewechselt. Die Vögel werden inzwischen in einem Ersatzkäfig untergebracht, wenn sie nicht ohnehin an den Freiflug im Zimmer gewöhnt sind.

Überlange Krallen – bei manchen Arten, z.B. Nonnen, genügt die natürliche Abnützung an Schilfhalmen und Ästen nicht – müssen beschnitten werden. Man nimmt dazu den Vogel in eine Hand, wobei vor allem der behandelte Fuß ruhig gehalten werden

muß (man fixiert ihn zwischen 2 Fingern), und schneidet die Krallen mit einem Nagelklipp so ab, daß die Blutgefäße, die als dunklere Linien zu erkennen sind, nicht verletzt werden. Passiert dies doch, kann man die Blutung durch Abtupfen mit Eisenchloridwatte oder Alaun stillen.

Ein gesunder Prachtfink widmet sich täglich der Pflege seines Gefieders. Dabei wird kein Körperteil ausgelassen.

Zum Schlafen stecken Prachtfinken oft ihren Kopf unter einen Flügel.

Vorsicht, nicht stören! Ein Schmetterlingsfink beim Schlafen. Manche Prachtfinkenarten schlafen auf Ästen oder Stangen sitzend.

So hält man Prachtfinken vorsichtig in der Hand.

Umgang mit Prachtfinken

Einige Ratschläge

Prachtfinken sind von Natur aus keine Streicheltiere, nur Vögel, die mit der Hand aufgezogen wurden und auf den Menschen geprägt sind, suchen Kontakt mit ihm. Sie sollten daher Ihre Vögel nicht unnötig in die Hand nehmen. Wenn Sie aber in der Nähe Ihres Prachtfinkenkäfigs hastige Bewegungen und laute Geräusche, die die Vögel erschrecken könnten, vermeiden, werden sich Ihre Pfleglinge bald an Ihre Anwesenheit gewöhnen und sich dann ungeniert und natürlich zeigen.

Wenn es nötig ist, einen der Vögel (oder alle) aus dem Käfig herauszufangen, schließen Sie sämtliche Türen und Fenster, da es sonst leicht passieren kann, daß ein Tier entweicht. Ergreifen Sie den gewünschten Vogel – behutsam, aber fest –, wenn er auf einer Sitzstange oder auf dem Käfigboden sitzt (bewahren Sie die Ruhe, wenn es Ihnen nicht gleich gelingt!), wobei Zeigefinger und Daumen (oder Mittel- und Zeigefinger) die Brust, die übrigen Finger den Körper umfassen. Der Kopf des Tieres bleibt frei.

Bei größeren Volieren kann es auch nötig sein, zum Einfangen eines Vogels einen Kescher (ein an einem Stiel befestigtes Netz) oder besser einen Fangkäfig zu verwenden, der auf den Boden des Käfigs gestellt wird und mit einer von außen bedienbaren Klapptüre versehen ist.

Gönnen Sie Ihren Vögeln eine ungestörte Nachtruhe, die zwischen 9 und 12 Stunden dauern sollte, und schalten Sie das Licht im Vogelzimmer in der Nacht nicht an bzw. bedecken Sie den Vogelkäfig vorher mit einem Tuch.

Das Ausschalten des Lichtes nach Anbruch der Dunkelheit kann – ebenso wie eine nächtliche Störung – bei Prachtfinken zu panischem Umherflattern führen, besonders wenn sie ihren Schlafplatz noch nicht aufgesucht haben. Dabei kann es leicht zu Verletzungen kommen. Dies läßt sich durch die Verwendung eines Dämmerungsschalters vermeiden. Eine andere Möglichkeit ist es, eine schwache Glühbirne brennen zu lassen, bis die Vögel sich zur Ruhe begeben haben.

Freiflug im Zimmer

Wer seine Prachtfinken in einem kleinen Käfig hält, möchte sie vielleicht zeitweise im Zimmer herumfliegen zu lassen, um ihnen Gelegenheit zu geben, ihre Flugmuskulatur zu bewegen. Man sollte allerdings bedenken, daß ein Zimmer viele **Gefahren** für so einen kleinen Vogel in sich birgt:

Prachtfinken brauchen ausreichend große Käfige oder Volieren, um möglichst ungehindert fliegen zu können.

- Durch offene Fenster können die Vögel entkommen, gegen geschlossene Scheiben, vor allem blank geputzte, können sie fliegen und sich dabei den Schnabel verletzen oder Prellungen und Knochenbrüche (besonders im Kopfbereich) zuziehen.
- In Gardinen könnte der Prachtfink hängenbleiben und bei dem Versuch, sich loszureißen, die Krallen verletzen.
- Eine Spalte hinter dem Kasten oder einem Wandverbau kann für den Vogel zu einer tödlichen Falle werden, wenn Sie ihn nicht rechtzeitig finden.
- In Wasserbehältern (z.B. nicht abgedeckte Aquarien) oder Vasen kann Ihr Vogel ertrinken; selbst wenn Sie ihn noch rechtzeitig davor retten, könnte er sich eine schwere Erkältung zuziehen.
- Eine Landung auf einer heißen Herdplatte, einem Bügeleisen usw. kann zu schweren Verbrennungen an den Füßen führen.
- Ein unachtsamer Mensch könnte auf den Vogel treten oder ihn in einer Türe einklemmen, ein Hund oder eine Katze könnte ihn als Beute betrachten.

Erst wenn Sie diese Gefahrenquellen beseitigt haben (die Fenster können z.B. mit einem Gitter versehen werden), sollten Sie die Prachtfinken aus dem Käfig lassen. Warten Sie aber damit, bis sich die Tiere in ihrer Behausung wirklich heimisch fühlen und sich auch an Ihre Anwesenheit gewöhnt haben!

Nur wenn der Käfig eine recht große Tür hat, werden die Vögel von selbst in ihn zurückfinden – besonders wenn Sie vor der Öffnung eine Sitzstange anbringen. Futter darf natürlich nur im Käfig gereicht werden!

Vorherige Seite:
In Volieren lassen sich Prachtfinken auch mit anderen Vogelarten zusammen halten. Auf diesem Foto sind außer Prachtfinken, Girlitz, Paradieswitwe und Kanarienvogel abgebildet.

Was tut man aber, wenn die Prachtfinken nicht freiwillig »heimkehren«? Eine wilde Jagd mit dem Kescher würde die Tiere verschrecken, und es besteht die Gefahr, sie dabei zu verletzen. Günstiger sind folgende Methoden:

- Dunkeln Sie das Zimmer ab, so daß nur der Käfig erleuchtet ist – das Licht könnte die Prachtfinken anziehen.
- Halten Sie dem ruhig sitzenden Vogel einen längeren Zweig oder Schilfstengel hin, auf den er sich setzen kann (oft nimmt das Tier diese gewohnte Sitzgelegenheit dankbar an). Bewegen Sie dann den Zweig mit dem Vogel langsam zum Käfig. Mit Glück läßt sich Ihr Prachtfink so in den Käfig »hineinstecken«.
- Warten Sie, bis sich die Vögel zum Schlafen niedergelassen haben, und ergreifen Sie die Prachtfinken dann möglichst behutsam. Drehen Sie danach das Licht im Zimmer nicht gleich ab, sondern lassen Sie den Tieren Zeit, ihren Schlafplatz im Käfig aufzusuchen.

Wenn Sie Ihren Vögeln öfter Gelegenheit zum Freiflug geben, werden sie sich vielleicht daran gewöhnen, zum Fressen und Schlafen in den Käfig zurückzukehren. Eines ist allerdings noch zu bedenken: wo die Prachtfinken sich zum Ausruhen niedersetzen, lassen sie auch ihren Kot fallen. Legen Sie also unter alle möglichen Sitzplätze Zeitungspapier oder ähnliches aus, damit die Möbel oder der Fußboden nicht verschmutzt werden.

... wenn uns der Prachtfink entkommt!

Selbst einem vorsichtigen Vogelbesitzer kann es passieren, daß er einmal die Käfigtüre nicht richtig zumacht, oder daß ihm beim

Türen und Klappen im Bauer oder in der Voliere müssen so angebracht werden, daß sich mühelos im Inneren hantieren läßt und Vögel auch einfach eingefangen werden können.

Herumhantieren im Käfig einer der Prachtfinken entkommt. Nun heißt es alle Türen und Fenster rasch zu schließen; wenn man letztere verdunkelt, verringert man die Gefahr, daß der Vogel dagegenfliegt. Achten Sie darauf, daß niemand unvorbereitet den Raum betritt – Ihr Prachtfink könnte dabei entweichen oder in der Türe eingeklemmt werden – und beseitigen Sie alle weiteren Gefahrenquellen.

Man kann versuchen, die Käfigtüre offen zu lassen: wenn man Glück hat, wird der Ausreißer durch seinen Partner zurückgelockt; hat man Pech, folgt ihm dieser ebenfalls in die »Freiheit«!

Wie man einen Vogel einfängt, wurde im vorigen Abschnitt beschrieben. Eventuell kann man das Tier auch mit der Hand greifen, wenn es gegen die Fensterscheibe geflogen ist und für kurze Zeit benommen sitzenbleibt. Es ist jedenfalls günstig, wenn man einen Helfer hat, der im passenden Moment das Käfigtürchen öffnet.

Die Zeit der Mauser

Die Mauser, der jährliche Federwechsel, bedeutet für die Vögel eine enorme Belastung, da für den Aufbau des neuen Gefieders viel Eiweiß nötig ist. Die Prachtfinken brauchen nun ausreichend eiweißhaltiges Futter (Insekten-, Eifutter) sowie Vitamine in Form von Keim- und Grünfutter oder Vitamintropfen. Auch an Mineralstoffen (Grit, Vitakalk) sollte es nicht fehlen.

Plötzliche Temperaturschwankungen, Zugluft, niedrige Dauertemperaturen sowie schlechte Beleuchtung (kurze helle Tageszeit), niedrige Luftfeuchtigkeit und falsche Ernährung können bewirken, daß die Mauser stockt, d.h. daß die Erneuerung der Federn aufhört.

Haben die Vögel Mauserschwierigkeiten, so verbessern Sie das Futterangebot und halten die Tiere warm (mit Hilfe einer Infrarotlampe); oft hilft es auch, den Käfig zu beleuchten, wobei das verwendete Licht dem Tageslicht ähnlich sein sollte.

Gesträubtes Gefieder und lustloses »schläfriges« Herumsitzen sind ein auffallendes Anzeichen dafür, daß ein Prachtfink krank ist.

Wenn der Urlaub kommt

Für jeden Tierbesitzer stellt sich zu Beginn der Urlaubszeit die Frage, was er mit seinen Tieren machen soll: Mitnehmen oder dalassen? Wer soll sie im letzteren Fall versorgen?
Prachtfinken sollte man nach Möglichkeit nicht in den Urlaub mitnehmen, es sei denn, daß

man mehrere Wochen an einem Ort bleiben will, und daß die Anreise nicht zu lang ist, denn jeder Transport bedeutet für die Vögel eine große Belastung!

Auch sollte man bedenken, daß am Urlaubsort ein geeigneter Standort für den Käfig vorhanden sein muß; verbringt man die Ferien in einem gemieteten Zimmer oder Haus, sollte man sich auch rechtzeitig erkundigen, ob Haustiere dort überhaupt willkommen sind. Für den Transport gilt das bereits im Abschnitt „Der Transport nach Hause" Gesagte.

Besser ist es, die Vögel zu Hause von einem zuverlässigen Freund oder Verwandten versorgen zu lassen. Schulen Sie Ihren »Tierpfleger« gründlich ein und lassen Sie ihm sicherheitshalber eine schriftliche Pflegeanleitung da. Geben Sie auch eine Telefonnummer an, unter der er Sie oder einen Vogelfachmann erreichen kann.

Eine andere Möglichkeit ist es, die Prachtfinken zu Freunden oder in eine Tierpension bzw. Zoofachhandlung, die Sie sich natürlich vorher genau anschauen sollten, in Pflege zu geben. Wichtig ist, daß den Vögeln an ihrem »Urlaubsort« das gewohnte Futter zur Verfügung steht!

Auch für einen kurzen Transport kommen die Prachtfinken in einen Transportbehälter; sie könnten sich sonst beim Umherflattern im Käfig am Gitter bzw. an der Einrichtung verletzen.

Eine solche Nisthilfe, oben in einer geschützten Ecke des Käfigs, wird gern angenommen.

Es gibt Nachwuchs

Prachtfinken züchten

Wer an seinen Prachtfinken Freude hat, wird bald auch den Wunsch verspüren, mit ihnen zu züchten. Allerdings sollte man bedenken, daß bei vielen Arten die Jungtiere nach einiger Zeit von den Eltern angegriffen werden, und daß daher meist ein zweiter Käfig notwendig wird. Gerade bei leicht zu züchtenden Arten ist es außerdem oft schwierig, einen geeigneten Abnehmer für den Nachwuchs zu finden!

Prachtfinken lassen sich weitgehend problemlos züchten.

- Zum Züchten muß man ein Pärchen derselben Art haben, das aneinander Gefallen findet. Von Arten, bei denen Männchen und Weibchen gleich gefärbt sind, setzt man am besten eine größere Anzahl (6 oder mehr) von Vögeln in einen ausreichend großen Käfig und wartet, bis die Paare sich gefunden haben.

Prachtfinken beim Kontaktsitzen.

- Manche Arten werden in Brutstimmung »Außenseitern« gegenüber aggressiv; in diesem Fall muß man das Paar in einen eigenen Käfig setzen.
- Die Vögel brauchen viel Keim-, Grün- und eiweißreiches Futter sowie Mineralstoffe (Kalzium!)
- Man sollte den Prachtfinken stets mehrere Nisthilfen (mindestens 2 pro Paar) bieten, die am besten in den oberen, geschützten Ecken des Käfigs befestigt werden, sowie eine Auswahl verschiedener Nistmaterialien.
- Die helle Tageszeit sollte 12 bis 15 Stunden betragen, der Raum sollte warm, die Luft nicht zu trocken (70% Luftfeuchte) sein (Arten aus eher trockenen Gebieten brüten nur in der feuchteren Jahreszeit, wenn reichlich Grünfutter zur Versorgung des Nachwuchses zur Verfügung steht!).

Paarbildung und Balz

Hat ein Männchen Gefallen an einem Weibchen gefunden, so balzt es sie an, d.h. es singt in ihrer Nähe, wobei es oft hüpfende oder wippende Bewegungen zeigt. Bei manchen Arten bringt es seiner Auserkorenen auch einen Halm mit. Ist das Weibchen interessiert, so sieht es dem Sänger aufmerksam zu und dreht auch den Schwanz in seine Richtung.

Beide Geschlechter können im Verlauf der Balz bestimmte Bewegungen wie Kopfschütteln, Nicken und Verbeugen zeigen. Schließlich läßt das Weibchen seine Bereitschaft zur Paarung erkennen, indem es in geduckter Haltung rasche, senkrechte Bewegungen mit dem Schwanz macht.

Brütender Prachtfink.

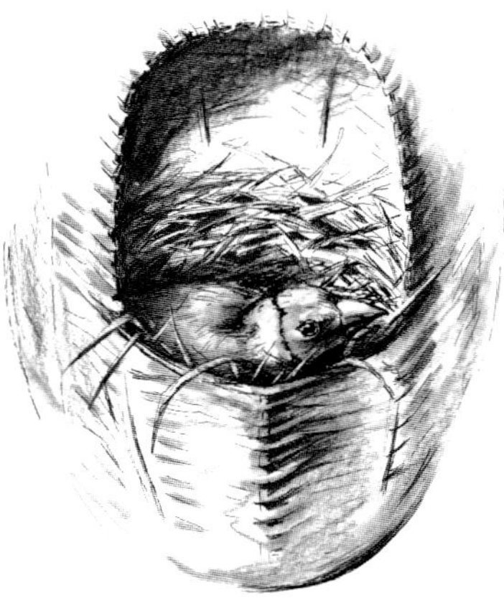

Nestbau

Der Nistplatz wird vom Männchen gesucht, das seine Partnerin mit Lockrufen zu ihm hinführt. Gefällt der Platz dem Weibchen, wird das Nest gebaut, wobei meist das Männchen Nistmaterial bringt, das vom Weibchen verarbeitet wird. In der Gefangenschaft klappt dieser Nestbau nicht immer, wenn nötig, muß daher der Vogelbesitzer die Nestmulde vorformen.

Rechte Seite: Bei den Zebrafinken lassen sich die Männchen leicht an den orangebräunlichen Wangenflecken und der Wellenzeichnung auf der Brust von den unscheinbarer gefärbten Weibchen unterscheiden.

Eier

Die meist 4 bis 7 Eier, die stets weiß sind (Prachtfinken brüten ja in Höhlen oder überdachten Nestern, so daß keine Tarnfarbe nötig ist), werden vom Weibchen in Abständen von ca. 1 Tag, meist in der Früh, gelegt. Richtig gebrütet wird oft erst ab dem 3. oder 4. Ei, auch wenn die Eltern manchmal schon vorher viel Zeit im Nest verbringen.

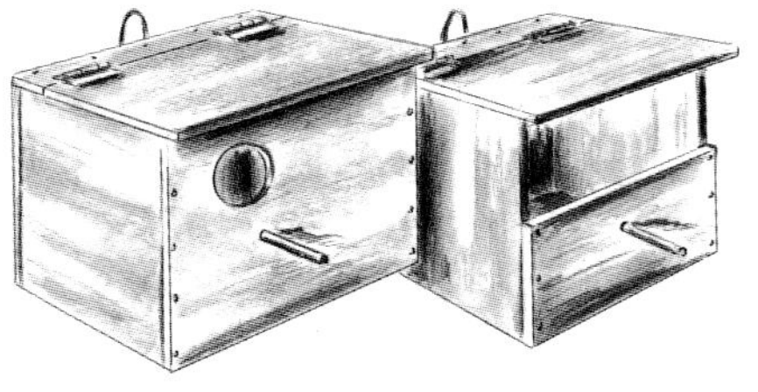

Sowohl geschlossene als auch halboffene Nistkästen aus Holz werden gerne als Nisthilfen angenommen.

Tagsüber wechseln sich die Eltern beim Brüten ab, nachts sitzt meist nur das Weibchen (manchmal aber auch das Elternpaar) auf dem Nest.

Erfahrene Vogelzüchter halten nach wenigen Tagen die Eier gegen das Licht, um festzustellen, ob sie befruchtet sind: bei sich entwickelnden Eiern sieht man die Blutgefäße im Eidotter. Da manche Prachtfinken aber auf Nestkontrollen sehr empfindlich reagieren und womöglich stundenlang nicht mehr ins Nest zurückkehren, würde ich dem Anfänger empfehlen, einfach abzuwarten. Unbefruchtete Eier werden gelegentlich von den Vogeleltern aus dem Nest geworfen, ansonsten kann man sie später (wenn die Jungen bereits geschlüpft sind) entfernen.

Ist die Luftfeuchtigkeit im Vogelzimmer zu gering, besteht die Gefahr, daß die Eier austrocknen. Hier hilft ein Luftbefeuchter bzw. tägliches Besprühen des Nestes mit zimmerwarmem Wasser (Eier und Nistmaterial sollten dabei nicht naß werden). Bei Temperaturen über 20 °C können die Embryonen im Ei überleben, auch wenn das Nest einmal längere Zeit (z.B. über Nacht) unbesetzt bleibt.

Bettelndes Junges im Nest. Hier die charakteristische Rachenzeichnung der Gouldamadine.

Die Jungen schlüpfen

Nach ca. 2 Wochen schlüpfen im Lauf von 1 bis 2 Tagen die Jungen, die blind und nackt oder höchstens von einem dünnen Daunenkleid bedeckt sind. Die Eierschalen werden von den Eltern gefressen oder aus dem Nest entfernt.

Auffällig an den Vogeljungen sind die für jede Art charakteristischen Rachenzeichnungen. Sie sind für die Eltern ein Auslöser zum Füttern des Nachwuchses. Bei manchen Arten erleichtern die weißen, gelben oder blauen Leuchtpapillen neben dem Schnabel den Eltern, die hungrigen Schnäbelchen im dunklen Nest zu finden.

Jungvögel werden von den Eltern gefüttert.

Schon bald nach dem Schlüpfen »sperren« die Kleinen, das heißt sie betteln mit aufgerissenem Schnabel um Futter (je größer sie werden, desto kräftiger werden dabei die Bettellaute). Meist beginnen die Eltern aber erst mit der Fütterung, wenn mehrere Junge geschlüpft sind. Bis dahin leben die Kleinen vom Rest des Eidotters im Körper.

Die Vogeleltern speichern die Nahrung, die sie ihren Kindern füttern, im Kropf, wo sie »anverdaut« wird. Beim Füttern wird die Nahrung in den Rachen des Jungen »gepumpt«, das den Schnabel des Altvogels mit dem seinen fest umfaßt.

Trockene Körner sind als Alleinfutter für Nestlinge ungeeignet! Gewöhnen Sie daher Ihr Zuchtpaar schon rechtzeitig (vor oder während der Brutzeit) an ein geeignetes Aufzuchtfutter (siehe Seite 28 Ernährung) und bieten Sie den Vögeln reichlich Keim-, Grün- und Insektenfutter. Auch gekochtes Eidotter, eventuell vermischt mit Zwieback, wird von Prachtfinken gerne genommen.

Im Gegensatz zu vielen anderen Vögeln sind Prachtfinken »Nestbeschmutzer«: Die Jungen deponieren den Kot seitlich an der Nestwand. Es lohnt sich, diese typische Gewohnheit genau zu beobachten: trocknet der Kot rasch ab, spricht das dafür, daß die Verdauung der Jungen in Ordnung ist, bleibt er feucht, haben sie Durchfall. Dann ist es nötig, das Futterangebot zu verbessern und auch vermehrt Vitamine (Vitamin B!) zu geben.

Anfangs werden die Jungen Tag und Nacht von einem der Elternteile gehudert, doch nach ca. 1 bis 2 Wochen müssen sie alleine im Nest bleiben. Da sie dann noch nicht voll befiedert sind, ist es besonders wichtig, auf eine ausreichend hohe Raumtemperatur zu achten (über 20 °C).

Mit etwa 7 bis 9 Tagen beginnen die Augen der Jungen sich zu öffnen, und die ersten Federansätze (an Schwanz und Flügeln) werden sichtbar. Voll befiedert sind die Kleinen allerdings erst mit ca. 3 Wochen; dann verlassen sie auch das Nest, in das sie nur bei manchen Arten anfangs von den Eltern zum Schlafen zurückgelockt werden. Sobald wie möglich sollte man das alte Nistmaterial entfernen und das Nest gründlich reinigen, bevor die Altvögel wieder zu brüten beginnen.

Die auffällig gefärbten Papillen im Schnabelwinkel sind für die Vogeleltern beim Füttern im dunklen Nest eine Orientierungshilfe. Nach dem Flüggewerden bilden sie sich allmählich zurück.

Die Jungen versuchen zwar bald selbst zu fressen, müssen aber noch 2 bis 3 Wochen lang von ihren Eltern gefüttert werden. Da sie anfangs ihre Flügel noch nicht ganz unter Kontrolle haben, sollte man für sie einige Sitzstangen und Futternäpfe in Bodennähe anbringen. Auch ist es günstig, zunächst das Badehäuschen zu entfernen, um ein unfreiwilliges Bad eines der kleinen »Flugschüler« zu verhindern, da es leicht zu einer Erkältung führen könnte.

Das Gefieder der Jungen ist meist weniger auffällig gefärbt als das der Altvögel. Die Jungen der bunten Gouldamadinen z.B. sind von blassem Graugrün mit blaßgelber Unterseite. Die »Jugendmauser«, durch die die Vögel ihr Erwachsenenkleid bekommen, kann im Alter von 6 Wochen, aber auch beträchtlich später beginnen und zieht sich über 1 bis 2 Monate hin.

Falls die Altvögel wieder in Brutstimmung kommen bevor die ersten Jungen selbständig sind und diese nun vernachlässigen, sollte man die Nisthilfen und eventuell auch einen Elternteil (den,

der sich weniger um die Jungen kümmert) vorübergehend aus dem Käfig entfernen.

Solange die Eltern ihren Jungen gegenüber friedlich bleiben, kann man die Vögel beisammen lassen, auch wenn das Elternpaar bereits wieder brütet. Die Jungvögel können so Brut und Aufzucht aus nächster Nähe beobachten – eine wertvolle Hilfe für ihre spätere eigene Fortpflanzung – und helfen eventuell sogar bei der Fütterung ihrer kleinen Geschwister mit.

Zeigen die Eltern sich aber unduldsam, sollte man die Jungvögel in einen geräumigen Käfig übersiedeln, der möglichst ähnlich wie der Aufzuchtkäfig eingerichtet ist, um Umstellungsschwierigkeiten zu vermeiden.

Zum Abschluß noch eine Warnung: Lassen Sie Ihre Prachtfinken nicht zu oft nacheinander brüten, dreimal im Jahr ist genug! Das Brüten und das Aufziehen der Jungen sind für die Vögel sehr anstrengend, das Eierlegen zehrt zusätzlich an den Kräften des Weibchens. Durch zu viele Bruten geschwächte Tiere werden anfälliger für Krankheiten, und ihr Bruterfolg im nächsten Jahr ist geringer. Auch sind Jungvögel aus späteren Bruten oft schlechter entwickelt.

Um die Prachtfinken an weiteren Bruten zu hindern, entfernen Sie die Nisthilfen, eventuell kann man Männchen und Weibchen vorübergehend auch getrennt halten (zusammen mit gleichgeschlechtlichen Tieren). Keim- und Eiweißfutter sollten nur in geringer Menge gegeben werden, da diese Art von Nahrung das Weibchen geradezu zum Eierlegen anregt

Halme als Käfigeinrichtung bieten den Prachtfinken gute Sitzgelegenheiten sowie Beschäftigung.

Die beste Vorsorge gegen Krankheiten ist Sauberkeit im Käfig und gesundes, sorgfältig zubereitetes Futter.

Unsere Vögel sind krank oder verletzt

Viele Infektionskrankheiten treten erst dann auf, wenn die Prachtfinken durch schlechte Ernährung, Temperaturschwankungen oder Streß (durch Einfangen, Transport...) geschwächt sind. Bedenken Sie, daß Vorbeugen besser als Heilen ist, und lassen Sie Ihren Vögeln die bestmögliche Pflege angedeihen. Sauberkeit ist dabei oberstes Gebot!

Prachtfinken, die in Freivolieren gehalten werden, sind stärker krankheitsgefährdet, da sie durch den Kontakt mit Wildvögeln infiziert werden können. Auch lassen sich Parasiten in der Voliere schlechter bekämpfen.

Allgemeine Anzeichen für eine Erkrankung des Vogels sind: Teilnahmsloses Herumsitzen mit aufgeplustertem Gefieder und meist geschlossenen Augen sowie Appetitlosigkeit, daneben können natürlich auch andere Symptome auftreten.

Wenn die Vögel lange Jahre hindurch gesund bleiben sollen, dann darf man ihnen keine Naschereien geben, die nicht für sie bestimmt sind.

Geben Sie den kranken Vogel in einen eigenen Käfig (wenn möglich in einem anderen Raum). Halten Sie ihn warm, z.B. durch Bestrahlung mit einer Infrarotlampe (bei Wunden ist dies nicht nötig). Die Lampe wird etwa 30 cm entfernt vom »Krankenkäfig« angebracht, und der Patient sollte mehrere Sitzstangen zur Auswahl haben, auf denen er der Wärme unterschiedlich stark ausgesetzt ist.

Falls der Prachtfink noch frißt, bieten Sie ihm leicht verdauliches Futter (z.B. Keimfutter) an und versetzen Sie das Trinkwasser mit Vitaminen (Futter und Wasser sollten im kühlen Teil des Käfigs stehen!). Übrigens können Arzneien auch über das Trinkwasser gegeben werden – allerdings nur in Absprache mit Ihrem Tierarzt. Stellt sich heraus, daß einer Ihrer Prachtfinken an einer ansteckenden Erkrankung leidet, sollten Sie den Käfig desinfizieren!

Beim Herausfangen des Patienten haben Sie Gelegenheit, ihn genau zu betrachten; achten Sie auf alle Abweichungen vom normalen Aussehen.

Wichtige Hinweise liefert der Kot: Ist er dünnflüssig und sind die Federn um die Kloake verklebt, so hat der Vogel **Durchfall**, der z.B. bei verschiedenen Bakterienerkrankungen, aber auch bei Coccidiose (einer durch Einzeller hervorgerufenen Erkrankung) oder Befall mit Würmern auftritt. Ihr Tierarzt wird Ihnen sagen, wo Sie eine Kotprobe untersuchen lassen können, und Ihnen die notwendigen Medikamente empfehlen. Achtung, manche Bakterien, z.B. Salmonellen, sind auch auf den Menschen übertragbar – vergessen Sie daher nie, sich nach dem Umgang mit (kranken) Vögeln die Hände gründlich zu waschen.

Allerdings kann auch übermäßige Fütterung mit Grünfutter zu Durchfall führen. Mischen Sie Vogelkohle unter das Futter und geben Sie ein paar Tage lang wenig Grünzeug, dann wird die Verdauung Ihres Prachtfinken bald wieder in Ordnung kommen.

Atemwegserkrankungen, die man am mühsameren, eventuell rasselnden Atmen (oft bei geöffnetem Schnabel), am schleimigen Ausfluß aus den Nasenlöchern oder Niesen erkennt, können durch Bakterien oder durch Pilze (Aspergillose), die auf feuchtem Heu, moderndem Holz usw. gedeihen, hervorgerufen werden. Gouldamadinen werden manchmal von Luftsackmilben befallen. Die Übertragung kann mit dem Futter oder Wasser bzw. direkt durch andere Vögel erfolgen. Die Milben können einen Vogel so sehr schwächen, daß er stirbt.

Vitamin-B-Mangel führt häufig zu Krankheiten oder Störungen wie Krämpfen oder Taumelsucht. Der Tierarzt kennt hier entsprechende Präparate.

Bei Weibchen (besonders jungen) kann es zur **Legenot** kommen: Ein Ei steckt im Eileiter, entweder weil die Kloake noch nicht ausreichend gedehnt ist, oder weil das Tier an Kalkmangel leidet und das Ei eine zu weiche Schale hat (es wird dann hin- und herstatt ausgepreßt). Nimmt man das erkrankte Tier, das mit gesträubtem Gefieder herumsitzt, in die Hand, so sieht man, daß der Unterleib aufgetrieben, gerötet und heiß ist. Ein weichschaliges Ei (durch vorsichtiges Drücken läßt sich dies feststellen) kann man behutsam zerquetschen; bei hartschaligen Eiern aber könnten die Schalenstücke den Eileiter verletzen! In diesem Fall tropft man etwas Olivenöl oder Paraffin in die Kloake, um das Ei »gleitfähiger« zu machen. Halten Sie den Vogel warm (Infrarotbestrahlung!) und gönnen Sie ihm Ruhe; wiederholen Sie die Behandlung wenn nötig nach ein bis zwei Stunden (eine behutsame Massage kann helfen – aber dazu gehört sehr viel »Fingerspitzengefühl«).

Außenparasiten, wie z.B. die Rote Vogelmilbe, saugen Blut aus der Haut der Vögel. Sind die Vögel sehr unruhig und kratzen sich oft, besonders am Abend (die roten Vogelmilben verbringen den Tag in Ritzen und Spalten), sollten Sie die Tiere sowie den Käfig genau untersuchen (legen Sie ein weißes Tuch über den Käfig – in der Frühe werden Sie darauf die Milben sehen). Befallene Prachtfinken sollten vorsichtig mit einem geeigneten Insektizid eingestäubt werden (das Mittel darf nicht in die Atemwege gelangen), und der Käfig mit allen Einrichtungsgegenständen sowie seine Umgebung werden gründlich gereinigt bzw. desinfiziert.

Bis auf einige wenige Ausnahmen sind Prachtfinken alle recht verträglich und können unbedenklich zusammen gehalten werden.

Zu **Knochenbrüchen** und anderen **Verletzungen** kann es besonders bei freifliegenden Prachtfinken kommen. Gebrochene Beine müssen geschient werden (falls das Bein beringt ist, sollte man den Ring entfernen); sie heilen meist sehr rasch. Gebrochene Flügel werden mit einer Mullbinde in natürlicher Lage am Körper fixiert. Ob der Patient die volle Flugfähigkeit wieder erlangt, hängt von der Art des Bruches ab.

Offene Wunden heilen meist von selbst, eventuell kann man sie desinfizieren. In ihrer Bewegung behinderte Prachtfinken sollten in einem Krankenkäfig, mit mehreren in Bodennähe angebrachten Sitzstangen und Futternäpfen, untergebracht werden.

Übermäßig lange **Krallen** müssen geschnitten werden (siehe Pflegearbeiten), ebenso der **Schnabel**, wenn er zu stark wächst. Besser ist es, den Finken Gelegenheit zu geben, ihn auf natürliche Weise abzunutzen, z.B. durch Beknabbern einer Sepia-Schulpe.

Bei schlechter Ernährung kann es bei Prachtfinken zu **Vitaminmangelerscheinungen** bzw. -erkrankungen kommen: Mangel an Vitamin A zeigt sich an tränenden, trüben Augen und Kahlköpfigkeit. Bei Vitamin-B-Mangel kommt es zu Gleichgewichtsstörungen, Darmerkrankungen, Beinschwäche (die Vögel ruhen auf dem Bauch, statt normal zu sitzen) und Drehkrankheit. Zu wenig Vitamin D in der Nahrung führt zu Rachitis. In schweren Fällen kann man dem erkrankten Vogel Vitamintropfen mit einer Pipette einflößen (erkundigen Sie sich bei einem Tierarzt nach der richtigen Dosis – auch zuviel Vitamine sind schädlich!). Beim Einfangen eines Prachtfinken kann es zu einer »**Schreckmauser**« kommen, d.h. der Vogel verliert die Schwanzfedern und/oder einen Teil des Kleingefieders. Falsche Haltungsbedingungen und Ernährung führen oft zu Mauserschwierigkeiten (siehe Mauser).

Der Gesang der Prachtfinken besteht meist aus kurzen Flöt-, Zwitscher-, Zirp- oder Klingelreihen und dient vor allem der Stimmfühlung mit den Schwarmmitgliedern und als Stimulans während der Balz.

Wenn wir Prachtfinken beobachten ...

Im Gegensatz zu vielen anderen Vögeln singen Prachtfinkenmännchen nicht, um ihr Revier zu verteidigen, sondern nur, um die Weibchen anzubalzen. Da der Gesang also nicht auf große Entfernungen gehört werden muß, ist er meist recht leise und für unsere Ohren angenehm.

Wer sich Zeit nimmt, wird noch eine Vielzahl anderer Lautäußerungen seiner Prachtfinken unterscheiden lernen: Kontaktrufe, die den Zusammenhalt der Partner bzw. des Schwarmes sichern, Alarmrufe, Nestrufe, mit denen der Partner zum Nest gelockt werden soll, Rufe bei der Brutablöse, Bettelgeschrei der Jungen, Wutlaute usw. (nicht alle Arten haben das volle Repertoire).

Auch die Körpersprache spielt eine bedeutende Rolle, vor allem bei der Balz, wo die Partner durch bestimmte Bewegungen ihr gegenseitiges Interesse bekunden, aber auch bei sonstigem Sozialverhalten (z.B. Aufforderung zum Gefiederkraulen, Drohen, Bettelverhalten der Jungen ...). Je mehr Zeit Sie sich für die Beobachtung Ihrer Prachtfinken nehmen, desto mehr interessante Verhaltensweisen werden Sie beobachten, besonders wenn Sie eine größere Anzahl von Tieren in einer Voliere halten. Ich wünsche Ihnen dabei viel Freude!

Bücher, Zeitschriften, Vereinigungen

Bücher

Bielfeld, H.: Gouldamadinen. Verlag Eugen Ulmer, Stuttgart 1985.

Bielfeld, H.: Beliebte Prachtfinken. Verlag Eugen Ulmer, Stuttgart 1988.

Fischer, W.: Die Australischen Prachtfinken. Albrecht Philler Verlag, Minden 1987.

Goodwin, D.: Estrildid finches of the world. British Museum and Oxford University Press 1982.

Gylstorff, I. und F. Grimm: Vogelkrankheiten. Verlag Eugen Ulmer, Stuttgart 1987.

Koepff, Ch.: Prachtfinken richtig pflegen und verstehen. Gräfe und Unzer Verlag München 1994.

Martin, H.-J.: Zebrafinken richtig pflegen und verstehen. Gräfe und Unzer Verlag, München 1993.

Zeitschriften

Aktuelles aus der Vogelwelt, Fachzeitschrift für Vogelliebhaber. Verlag Wilhelm Geistlinger, A-5421 Adnet.

Gefiederte Welt. Fachzeitschrift für Vogelliebhaber und Vogelzüchter. Verlag Eugen Ulmer, D-70599 Stuttgart.

Die Voliere. Verlag M. & H. Schaper, D-31061 Alfeld.

AZ-Nachrichten, herausgegeben von der AZ (siehe unter Vereine).

Gefiederter Freund, herausgegeben von der »Exotis« (siehe unter Vereine).

Vereine

AZ – Vereinigung für Artenschutz, Vogelhaltung und Vogelzucht. Geschäftsstelle: H. Uebele, Postfach 11 68, D-71522 Backnang.

Estrilda. (Interessengemeinschaft für Haltung und Zucht exotischer Kleinvögel). Geschäftsstelle: G. Kühn, Südring 47, D-63500 Seligenstadt.

Exotis – Schweizer Vereinigung für Zucht und Pflege exotischer Vögel. E. Zimmerli, Dorfstraße 33, CH-5745 Safenwil.

ÖKB – Österreichischer Kanarien- und Vogelliebhaberbund. G. Bründl, Freistädterstr. 13, A-4040 Linz.

Verband Österreichischer Kleintierzüchter. Dr. Karl Lueger-Ring 14, A-1010 Wien.

VZÖ, Vogelzüchtervereinigung Österreichs, Walter Fuchs, A-5071 Wals-Siezenheim, Rachbauerstr. 40, Tel. 0043/662 85 26 62.

Über diese Vereine kann man geschlossene Ringe zur Kennzeichnung seiner Prachtfinken beziehen. Viele Vereine veranstalten Ausstellungen, auf denen vor allem domestizierte Arten (z. B. die verschiedenen Farb- und Gefiedervarianten von Zebrafinken, Japanischen Mövchen usw., für die bestimmte Standards festgesetzt sind), aber auch Nachzuchten von Wildformen gezeigt werden. Sie bieten eine günstige Möglichkeit, die einzelnen Arten kennenzulernen und Kontakte mit Züchtern anzuknüpfen.

Mein Dank gilt meinem toleranten Gatten, der – neben vielen anderen Haustieren – auch Prachtfinken in unserem Heim duldet, weiters Dr. P. Pospisil, durch den ich zu meinem ersten Gouldamadinen-Pärchen kam, und ganz besonders G. Marschitz, der mir sowohl bei der Prachtfinkenhaltung als auch bei der Erstellung dieses Manuskripts mit Rat und Tat zur Seite stand.

Register

Für Ihre Unterstützung bei der Zusammenstellung dieses Buches danken wir der Firma Kölle-Zoo, Stuttgart.

Bildquellen
Alle Farbbilder von Frau Regina Kuhn, Stuttgart.
Alle Zeichnungen von Siegfried Lokau, Bochum.

Die Deutsche Bibliothek – CIP-Einheitsaufnahme
Prachtfinken / von Birgit Gollmann.
Mit Farbfotos von Regina Kuhn und Zeichn. von Siegfried Lokau. – Stuttgart: Ulmer 1995
(Heimtiere halten)
ISBN 3-8001-7329-8
ISBN 3-8001-3562-0 (2. Auflage)
NE: Lokau, Siegfried; Kuhn, Regina

Wollgrasweg 41, 70599 Stuttgart (Hohenheim)
Internet: http://www.ulmer.de

Lektorat: Ulrich Commerell
Herstellung & DTP: Otmar Schwerdt
Herausgeber der Reihe »Heimtiere halten«:
Prof. Dr. Kurt Kolar
Printed in Italy